JOHANN SEBASTIAN BACH

MATTHÄUS-PASSION
ST MATTHEW PASSION

for 5 Solo Voices, Chorus and Orchestra
für 5 Solostimmen, Chor und Orchester
BWV 244

D1082264

Ernst Eulenburg Ltd

London · Mainz · Madrid · New York · Paris · Prague · Tokyo · Toronto · Zürich

CONTENTS

PREFACE

The most monumental of Bach's works, his Passion according to the Evangelist Matthew, BWV 244, has a complicated and suspenseful account of genesis and rediscovery that still cannot be entirely explained. Thus, it remains uncertain when exactly this work was undertaken and what was originally intended to be its 'form'. For a long time the date of its first performance was considered to be Good Friday, 15 April 1729; more recently it has been assumed that an original version had already been performed in the Thomaskirche, Leipzig, two years before, on 11 and 13 April 1727.[1] The following year Bach probably took up the work again because he had to write funeral music (BWV 244a, *Klagt, Kinder, klagt es aller Welt*) for Prince Leopold von Anhalt-Cöthen who had died in November 1728. This was finally performed on 24 March 1729 in the reformed Stadtkirche St Jakob in Cöthen on the occasion of the memorial sermon for the Prince. Only its text survives, but it is certain that individual movements were musically identical with some of the *St Matthew Passion*, other movements originating in the 'Funeral Ode' (BWV 198, *Laß, Fürstin, laß noch einen Strahl*). Whether both these works go back possibly to a lost model in common remains speculation. For all his creativity Bach cannot be denied a certain inclination to working economically, which led him to give new texts to existing compositions in order thus to make them known once again – usually to a different public.

The Passion music was performed in 1727 and 1729, respectively, in a form clearly differing from that heard today. We owe our knowledge of the early form of the work to Bach's son-in-law Johann Christoph Altnikol, for he made a copy in *ca.* 1744–1748. Although Bach's original served as model, whether it exactly reproduced the early form remains unclear. The spectacular Passion music with two choirs, two orchestras and numerous soloists was heard in 1729 in the context of the Good Friday vespers in the Thomaskirche. This began at quarter past one in the afternoon and lasted several hours, in the course of which the two parts of the music framed the sermon.[2] The number of performers was small by today's standards – though not for that time. Good Friday was one of the few days of the year when Bach had at his disposal a larger vocal contingent than otherwise: 24–26 *Thomaner* singers were probably involved, averaging three to each part, of whom also one had to sing the solos. Reckoning with – in the most favourable case – 32 orchestral players, we come up with a total strength of nearly 60 performers. At what level it was performed is difficult to assess. Certainly Bach's elite choir, his first church choir, was on a very high level; but otherwise a conglomeration of more or less competent pupils, students and *Stadtpfeifern* probably sang and played.

On 30 March 1736, according to a sexton's notice, the *St Matthew Passion* was again performed in the 'Thomaskirche, with both organs' – a score prepared by Bach himself together with a complete set of parts gives us some information. The continuous further development and the altered basic musical conditions led to Bach's making of a series of changes. Thus, he took over, for example, the final chorus of the first part from the original version of the *St John Passion*

[1] On the genesis of the work, see in particular: Hans-Joachim Schulze, Christoph Wolff, *Bach-Compendium. Analytisch-bibliographisches Repertorium der Werke Johann Sebastian Bachs (BC). Vokalwerke*, Vol.3 (Leipzig, 1988), 900–901, 1024–1077, as well as *Vokalwerke*, Vol.4 (Leipzig, 1989), 1560–1569; Wolfgang Schmieder, *Thematisches Verzeichnis der musikalischen Werke von Johann Sebastian Bach. Bach-Werke-Verzeichnis (BWV)*, 2nd revised and expanded edition (Wiesbaden, 1990), 410–426; Emil Platen, *Johann Sebastian Bach. Die Matthäus-Passion: Entstehung, Werkbeschreibung, Rezeption*, 2nd revised and expanded issue (Kassel, 1991)

[2] Philipp Spitta, *Johann Sebastian Bach*, photomechanical reprint of the 4th unaltered edition (Leipzig, 1930, Wiesbaden, 1970), 399

('O Mensch, bewein dein Sünde groß'), modified and expanded the basso-continuo part, re-wrote the soloistic lute part for viola da gamba, re-setting the bass aria 'Ach, nun ist mein Jesus hin', for alto and more besides. A further performance, again modified in turn, must have taken place around 1742, possibly in the Nikolaikirche, and another presumably during the period 1743–1746.

After Bach's death all was quiet for a long time with the *St Matthew Passion*, although his sons and pupils continually fostered his music – not least because of their access to the available, surviving scores. In Berlin, for instance, there was a living tradition: Bach's vocal works were published and performed at the *Berlin Singakademie*, founded in 1791. From 1800 its director was Carl Friedrich Zelter who promoted the performance of Bach's works. Zelter had access to the autograph score of the *St Matthew Passion* at that time and through this connection, one of the *Singakademie* altos, Felix Mendels work. Mendelssohn's most ardent wish thereafter, to possess a copy of this score, was fulfilled by the gift in 1823, of a manuscript copy transcribed by Eduard Rietz. From this time

Mendelssohn was single-mindedly committed to the 'rediscovery of the *St Matthew Passion*':[3] On 11 March 1829 the work was performed again for the first time since Bach's death. This performance thus provided the initial impetus for the work's further reception.

The *St Matthew Passion* has survived despite the general secularizing process of our time: it is a document of a compositional genius, testimony to the most profound religiousness, a work in balanced proportions, coherent in itself, with the entire baroque abundance of forms and means of expression. Bach used for his Passion composition a collage, a skilful combination of biblical and blank verse texts written and compiled by Picander, pseudonym for Christian Friedrich Henrici. Adapted in addition was a series of strophic hymns or chorales. It was already early apostrophized as the 'greatest music work of all times' or as the 'most overpowering dramatic masterwork before Wagner's *Der Ring des Nibelungen*',[4] and even in retrospect it has retained this halo: as an 'art work of the future.'[5]

Wolfgang Birtel
Translation : Margit McCorkle

---

[3] The details are found in: Martin Geck, *Die Wiederent-deckung der Matthäuspassion im 19. Jahrhundert. Die zeitgenössischen Dokumente und ihre ideengeschichtliche Deutung* (= Studien zur Musikgeschichte des 19. Jahrhunderts 9, Regensburg, 1967)
[4] Eduard Devrient and Malcolm Boyd, respectively, quotation from Platen, loc. cit., 13
[5] see Geck, loc. cit., 6

VORWORT

Bachs monumentalstes Werk, seine Passion nach dem Evangelisten Matthäus, BWV 244, hat eine verworrene und spannende Entstehungs- und Wiederentdeckungsgeschichte, die noch immer nicht vollständig aufgeklärt werden konnte. So bleibt ungewiss, wann dieses Werk in Angriff genommen wurde und welche „Gestalt" ihm ursprünglich zugedacht war. Galt lange Zeit der 15. April 1729 (Karfreitag) als Datum der Uraufführung, wird mittlerweile vermutet, dass bereits zwei Jahre zuvor eine Urfassung musiziert wurde: am 11. und am 13. April 1727 in der Leipziger Thomaskirche[1]. Im darauffolgenden Jahr nahm Bach dieses Werk wohl wieder hervor, denn im November 1728 starb Fürst Leopold von Anhalt-Köthen, für den Bach eine Trauermusik (BWV 244a, *Klagt, Kinder, klagt es aller Welt*) schreiben musste. Diese wurde schließlich am 24. März 1729 in der reformierten Stadtkirche St. Jakob in Köthen anlässlich der Gedächtnispredigt für den Fürsten aufgeführt. Erhalten ist davon nur der Text; sicher ist aber, dass einzelne Sätze mit einigen der *Matthäus-Passion* musikalisch identisch waren, anderes entstammte der „Trauer-Ode" (BWV 198, *Laß, Fürstin, laß noch einen Strahl*). Ob beide Werke möglicherweise auf eine gemeinsame, verschollene Vorlage zurückgehen, bleibt Spekulation. Bei aller Schaffenskraft kann dem großen Thomaskantor ein gewisser Sinn für ökonomisches Arbeiten nicht abgesprochen werden, der ihn veranlasste, Kompositionen neu zu textieren, um sie so noch einmal einer – im Normalfall anderen – Öffentlichkeit bekannt zu machen.

Die Passionsmusik wurde 1727 bzw. 1729 in einer Form musiziert, die von der heute zu hörenden deutlich abweicht. Dem Bachschen Schwiegersohn Johann Christoph Altnikol verdanken wir unsere Kenntnis von der Frühform, denn er hat um 1744–1748 eine Abschrift angefertigt. Obgleich ihr das Original des Kantors als Vorlage diente, bleibt unklar, ob sie die Frühform exakt wiedergibt. Die spektakuläre Passionsmusik mit zwei Chören, zwei Orchestern und zahlreichen Solisten erklang 1729 im Rahmen der Karfreitagsvesper in der Thomaskirche. Diese begann um 13.15 Uhr und dauerte mehrere Stunden, die beiden Teile der Musik rahmten dabei die Predigt ein[2]. Die Zahl der Ausführenden war für heutige Verhältnisse klein – für damalige jedoch nicht: Karfreitag war einer der wenigen Tage im Jahr, an denen Bach ein größeres Sängeraufgebot als sonst zur Verfügung stand: 24–26 Thomaner waren wahrscheinlich beteiligt, für jede Stimme im Allgemeinen drei, von denen einer noch die Soli zu singen hatte. Rechnet man mit – im günstigsten Falle – 32 Orchestermusikern, kommt man auf eine Gesamtstärke von fast 60 Mitwirkenden. Auf welchem Stand musiziert wurde, lässt sich schwer abschätzen. Sicher war der Elitechor Bachs, seine erste Kantorei, auf einem sehr hohen Niveau; aber ansonsten sang und spielte wohl ein Sammelsurium von mehr oder weniger fähigen Eleven, Studenten und Stadtpfeifern.

Am 30. März 1736 wurde die *Matthäus-Passion* in „St. Thomae mit beyden Orgeln", so eine Notiz des Küsters, wiederaufgeführt – eine von Bach selbst angefertigte Partitur sowie ein kompletter Stimmensatz geben uns Auskunft: Die kontinuierliche Weiterentwicklung und die gewandelten musikalischen Rahmenbedingungen ließen ihn eine Reihe von Änderungen vornehmen. So übernahm er u. a. den Schlusschor des

---

[1] Zur Entstehungsgeschichte siehe insbesondere: Hans-Joachim Schulze, Christoph Wolff, *Bach-Compendium. Analytisch-bibliographisches Repertorium der Werke Johann Sebastian Bachs (BC). Vokalwerke*, Bd. 3, Leipzig 1988, S. 900–901, S. 1024–1077, sowie *Vokalwerke*, Bd. 4, Leipzig 1989, S. 1560–1569; Wolfgang Schmieder, *Thematisches Verzeichnis der musikalischen Werke von Johann Sebastian Bach. Bach-Werke-Verzeichnis (BWV)*, 2. überarbeitete und erweiterte Ausgabe, Wiesbaden 1990, S. 410–426; Emil Platen, *Johann Sebastian Bach. Die Matthäus-Passion: Entstehung, Werkbeschreibung, Rezeption*, 2. verbesserte und ergänzte Aufl., Kassel 1991.

[2] Philipp Spitta, *Johann Sebastian Bach*, fotomechanischer Nachdruck der 4. unveränderten Ausgabe Leipzig 1930, Wiesbaden 1970, S. 399.

ersten Teils aus der Urfassung der *Johannes-Passion* („O Mensch, bewein dein Sünde groß"), differenzierte und erweiterte den Basso-continuo-Part, schrieb die solistische Lautenpartie für Viola da gamba, die Arie „Ach, nun ist mein Jesus hin" von Bass in Alt um und anderes mehr. Eine weitere, wiederum modifizierte Aufführung muss um 1742, möglicherweise in der Nikolaikirche, stattgefunden haben, eine andere ist in der Zeit von 1743–1746 zu vermuten.

Nach Bachs Tod wurde es lange ruhig um die *Matthäus-Passion*, obwohl Söhne (und Schüler) seine Musik – nicht zuletzt der vorhandenen Noten wegen – kontinuierlich pflegten. In Berlin etwa gab es eine lebendige Tradition: Bachs Vokalwerke wurden gedruckt und in der 1791 gegründeten *Berliner Singakademie* gesungen. Ihr Leiter war seit 1800 Carl Friedrich Zelter, der sich um das Œuvre des Leipziger Meisters kümmerte. Zelter hatte Zugang zur autographen Partitur der *Matthäus-Passion* und durch diese Verbindung lernte einer der Altisten, Felix Mendelssohn Bartholdy, das Werk kennen. 1823 ging dessen sehnlichster Wunsch nach einer Abschrift – angefertigt von Eduard Rietz – in Erfüllung. Von diesem Zeitpunkt an setzte

Mendelssohns zielstrebiger Weg bis zur „Wiederentdeckung der *Matthäus-Passion*"[3] ein: Am 11. März 1829 wurde sie zum ersten Male nach Bachs Tod wiederaufgeführt. Es war eine Initialzündung für die weitere Rezeption.

Die *Matthäus-Passion* hat trotz des allgemeinen Säkularisierungsprozesses unserer Zeit überlebt: Dokument eines kompositorischen Genies, Zeugnis tiefster Religiosität, ein Werk in ausgewogenen Proportionen, in sich stimmig, mit dem ganzen barocken Reichtum an Formen und Ausdrucksmitteln. Bach verwendete für seine Passionskomposition eine Collage, eine geschickte Verknüpfung von biblischen und frei gedichteten Texten, die aus der Feder von Picander, dem Pseudonym für Christian Friedrich Henrici, stammen. Eingefügt wurde zusätzlich eine Reihe von Kirchenliedstrophen. Schon früh wurde es als „größtes Musikwerk aller Zeiten" oder als das „überwältigendste dramatische Meisterwerk vor Wagners *Der Ring des Nibelungen*"[4] apostrophiert, und auch im Nachhinein hat es diesen Nimbus behalten: als ein „Kunstwerk der Zukunft"[5].

Wolfgang Birtel

[3] Die Details finden sich in: Martin Geck, *Die Wiederentdeckung der Matthäuspassion im 19. Jahrhundert. Die zeitgenössischen Dokumente und ihre ideengeschichtliche Deutung* (= Studien zur Musikgeschichte des 19. Jahrhunderts 9), Regensburg 1967.

[4] Eduard Devrient bzw. Malcolm Boyd, zit. nach Platen, a. a. O., S. 13.

[5] S. Geck, a. a. O., S. 6.

PRÉFACE

L'histoire complexe et passionnante de la genèse et de la redécouverte de la *Passion selon Saint-Matthieu*, BWV 244, l'œuvre la plus monumentale de Bach, n'est pas encore complètement éclaircie. Ainsi l'époque à laquelle cette œuvre fut entreprise et la forme qui lui était destinée à l'origine demeurent-elles incertaines. Alors que le 15 avril 1729 (Vendredi Saint) a longtemps été considéré comme la date de sa création, il est apparu récemment que des exécutions en avaient eu lieu deux ans auparavant, le 11 et le 13 avril 1727, en l'église Saint-Thomas de Leipzig.[1] Au cours de l'année suivante, Bach reprit l'œuvre pour la musique funèbre (BWV 244a *Klagt, Kinder, klagt es aller Welt*) qu'il écrivit à la mort du prince Leopold von Anhalt-Köthen, en novembre 1728, et qui fut finalement donnée le 24 mars 1729, en l'église réformée Saint-Jakob de Köthen, lors d'un service célébré à la mémoire du prince. Seul subsiste le texte littéraire de cette œuvre dont il est cependant sûr que plusieurs de ses mouvements étaient musicalement identiques à certains passages de la *Passion selon Saint-Matthieu*, tandis que d'autres provenaient de l'« Ode funèbre » (BWV 198 *Laß, Fürstin, laß noch einen Strahl*). Que les deux œuvres aient appartenu à une partition commune disparue reste pure spéculation. On ne peut, cependant, nier chez le grand Cantor de Saint-Thomas, dans toute sa force créatrice, un certain sens de l'économie de sa production qui l'incita à adapter de nouveaux textes à des compositions existantes pour les faire rejouer, généralement à un auditoire différent.

La *Passion* donnée en 1727, ou plutôt en 1729, le fut sous une forme musicale significativement éloignée de celle connue aujourd'hui. On doit au gendre de Bach, Johann Christoph Altnikol, l'accès à cette première version qu'il transcrivit entre 1744 et 1748 d'après le manuscrit original du Cantor, même si sa fidélité exacte au modèle ancien demeure, néanmoins, peu sûre. Cette version spectaculaire de la *Passion* à deux chœurs, deux orchestres et nombreux solistes fut donnée en 1729 à l'église Saint-Thomas dans le cadre des vêpres du Vendredi Saint. L'exécution en commença à 13h15 et dura plusieurs heures, les deux parties musicales encadrant la prédication.[2] Le nombre d'exécutants, relativement restreint selon les critères actuels, ne l'était pas alors. Le Vendredi Saint était l'une des rares occasions dans l'année pour lesquelles Bach disposait d'un plus grand nombre de chanteurs : vingt-quatre à vingt-six *Thomaner* [choristes de l'internat rattaché à l'église Saint-Thomas] se répartirent probablement à raison d'environ trois par voix, l'un d'eux chantant les *soli*. En comptant — dans le meilleur des cas — trente-deux musiciens d'orchestre, l'ensemble de la formation atteignit presque soixante exécutants. Le niveau de cette exécution est difficile à appréhender car, à côté du chœur d'élite de Bach, sa première *Kantorei* au très haut niveau musical, chantait et jouait également tout un ensemble d'élèves, d'étudiants et de sonneurs de ville plus ou moins compétents.

Le 30 mars 1736, la *Passion selon Saint-Matthieu* fut redonnée « en l'église Saint-Thomas avec les deux orgues » selon les termes d'une annonce du sacristain. La partition préparée par Bach lui-même ainsi qu'un ensemble complet

---

[1] Sur la chronologie de la genèse de l'œuvre, voir en particulier : Hans-Joachim SCHULZE, Christoph WOLFF, *Bach-Compendium. Analytisch-bibliographisches Repertorium der Werke Johann Sebastian Bachs (BC). Vokalwerke*, vol.3, Leipzig, 1988, pp. 900–901, 1024–1077, ainsi que : *Vokalwerke*, vol.4, Leipzig, 1989, pp.1560–1569 ; Wolfgang SCHMIEDER, *Thematisches Verzeichnis der musikalischen Werke von Johann Sebastian Bach. Bach-Werke-Verzeichnis (BWV)*, 2ème édition révisée et augmentée, Wiesbaden, 1990, pp.410–426 ; Emil PLATEN, *Johann Sebastian Bach. Die Matthäus-Passion : Entstehung, Werkbeschreibung, Rezeption*, 2ème édition revue et complétée, Kassel, 1991

[2] Philipp SPITTA, *Johann Sebastian Bach*, reproduction photomécanique de la 4ème édition inchangée de Leipzig (1930), Wiesbaden, 1970, p.399

de parties séparées fournissent plusieurs indications. Bach effectua, en effet, une série de modifications reflétant une constante évolution et des conditions d'exécution musicale variables. Il y inséra, par exemple et entre autres changements, le chœur final de la première partie de la version originale de la *Passion selon Saint-Jean* (« O Mensch, bewein dein Sünde groß »), remodela et élargit la partie de basse continue, transposa les parties solistes de luth pour la viole de gambe et l'air « Ach, nun ist mein Jesus hin » de la basse pour la voix d'alto. Une exécution ultérieure de la *Passion*, de nouveau révisée, fut sans doute montée vers 1742, possiblement à l'église Saint-Nicolas, ainsi qu'une autre entre les années 1743 et 1746.

Après la mort de Bach, la *Passion selon Saint-Matthieu* entra dans un long silence, malgré les efforts constants de ses fils (et de ses disciples) – qui n'agirent pas seulement du fait des partitions restées à leur disposition – pour soutenir sa musique. Il existait néanmoins une tradition vivante à Berlin où les œuvres vocales de Bach étaient imprimées et interprétées à la *Berliner Singakademie*, fondée en 1791, dont le chef d'orchestre depuis 1800, Carl Friedrich Zelter, s'attachait à la promotion de l'œuvre du maître de Leipzig. A cette époque, Zelter avait en accès à la partition autographe de la *Passion selon Saint-Matthieu* qui parvint ainsi à la connaissance de l'un de ses altistes, Felix Mendelssohn-Bartholdy, dont l'ardent désir d'en

posséder un exemplaire fut comblé en 1823, lorsqu'on lui en offrit une copie préparée par Eduard Rietz. Dès cette date, Mendelssohn eut pour objectif tenace la « redécouverte de la *Passion selon Saint-Matthieu* »[3]. L'exécution de l'œuvre le 11 mars 1829, pour la première fois depuis la mort de Bach, marqua le point de départ de l'accueil ultérieur qui n'a cessé de lui être réservé.

En dépit de la tendance générale de notre époque vers la sécularisation, La *Passion selon Saint-Matthieu*, à la fois proclamation d'un compositeur de génie et témoignage de profonde piété aux proportions équilibrées, s'est imposée par sa cohérence et son déploiement de toute la richesse formelle et expressive de l'époque baroque. Bach procéda à la composition de ses passions par collage, associant adroitement textes bibliques et textes poétiques libres dus à la plume de Picander, pseudonyme de Christian Friedrich Henrici, et y introduisant une série de strophes de cantiques ou de chorals luthériens. La *Passion selon Saint-Matthieu*, vite reconnue comme « la plus grande œuvre musicale de tous les temps » ou qualifiée de « chef-d'œuvre dramatique le plus puissant précédant *Der Ring des Nibelungen* de Wagner »,[4] a conservé rétrospectivement son auréole d'« œuvre artistique de l'avenir. »[5]

Wolfgang Birtel
Traduction : Agnès Ausseur

[3] dont les détails figurent in : Martin GECK, *Die Wiederentdeckung der Matthäuspassion im 19. Jahrhundert. Die zeitgenössischen Dokumente und ihre ideengeschichtliche Deutung*, in : *Studien zur Musickgeschichte des 19. Jahrhunderts*, 9, Regensburg, 1967

[4] Respectivement Eduard DEVRIENT et Malcolm BOYD, cités in : PLATEN, op. cit., p.13

[5] Voir GECK, op. cit., p.6

MATTHÄUS-PASSION

Johann Sebastian Bach
(1685–1750)
BWV 244

Erster Teil

Coro I. II.

2

13

17

24

50

Ob.

S.

Kost - barkeit, ver- macht er mir in mei - ne Hän - de.

Cnt.

Ob.

S.

Wie er es auf der Welt mit de - nen Sei - nen nicht

Cnt.

Ob.

S.

bö-se können mei-nen, so liebt er sie bis an das Ende.

Cnt.

19 ARIA. Coro I.

Oboe d'amore I. II.

Soprano.

Organo e Continuo.

Ob.

S.

Ich will dir mein

Cnt.

74

*)Hier Blockflöten: die Querflöten pausieren.

94

Er ist be-reit, den Kelch, des To-des Bit-ter-keit zu
trin-ken, in welchen Sün-den die-ser Welt ge-gossen sind und häß-lich
stin-ken, weil es dem lie-ben Gott ge-fällt.

*) In den Originalstimmen c, ebenso in der erstgedruckten von Zelter revidierten Partitur (Schlesinger)

85

Vl.

B. _ver-sü - - ßet, denn sein Mund, der

Cnt.

91

Vl.

B. mit Milch und _ Ho-nig flie-ßet, hat den Grund und des Lei-dens

Cnt.

97

Vl.

B. her - be Schmach durch_ den er - - sten Trunk _ ver-sü - - ßet.

Cnt.

Da Capo.

(30) RECITATIVO. Coro I.

Violino I.

Violino II.

Viola.

Evangelist. Und er kam zu sei-nen Jüngern, und fand sie schla-fend,

Jesus.

Organo e Continuo.

100

114

120

126

128

133

156

Zweiter Teil.

160

168

CHORAL. Coro I.II.

Soprano.
Flauto traverso I.II.
Oboe I.II. Violino I.

Alto.
Violino II coll'Alto.

Tenore.
Viola col Tenore.

Basso.

Organo e Continuo.

Wer hat dich so ge- schla-gen, mein Heil, und dich mit Pla- gen so

Wer hat dich so ge- schla-gen, mein Heil, und dich mit Pla- gen so

S.

A.

T.

B.

Cnt.

ü - bel zu - ge - richt'? Du bist ja nicht ein Sün - der, wie

ü - bel zu - ge - richt'? Du bist ja nicht ein Sün - der, wie

S.

A.

T.

B.

Cnt.

wir und uns-re Kin - -der; von Mis - se - ta - ten weißt du nicht.

wir und uns-re Kin - -der; von Mis - se - ta - ten weißt du nicht.

192

RECITATIVO. Coro I.

Evangelist. Des Mor-gens a - ber hiel-ten al-le Ho-hen-prie-ster und die

Judas.

Organo e
Continuo.

Ev. Äl - te - sten des Volks ei - nen Rat ü - ber Je - sum, daß sie ihn tö - te - ten.

Cnt.

Ev. Und bun-den ihn, füh-re-ten ihn hin, und ü - ber-ant-wor-te-ten ihn dem

Cnt.

ARIA. Coro II.

lohn, wirft euch der ver-lor-neSohn zu___ den Fü - ßen nie - der,

seht, das Geld, den Mör-der-lohn, wirft euch der verlor-ne Sohn zu den Fü - ßen

RECITATIVO. Coro I.

Evangelist. Auf das Fest a-ber hat-te der Land-pfle-ger Ge-wohn-heit, dem

Pilati Weib.

Pilatus.

Organo e Continuo.

Ev. Volk ei-nen Ge-fan-ge-nen los-zu- ge-ben, wel-chen sie woll-ten.

Cnt.

212

218

48

S. — be will mein Heiland ster - - - - - - - - -

Fl.

Ob. zu 2

52

S. - - - - - - ben, aus Lie-be will mein Heiland ster - - -

Fl.

Ob.

56

S. - - - - - - - ben, von ei - ner Sün-de weiß er

Fl.

Ob.

59

S. nichts, nichts, von ei - ner Sün-de weiß er nichts.

Fl.

Ob.

Dal Segno 𝄋

(59) RECITATIV. Coro I.

Evangelist.

Sie schrie-en a - ber noch mehr und spra-chen:

Organo e
Continuo.

224

228

236

238

244

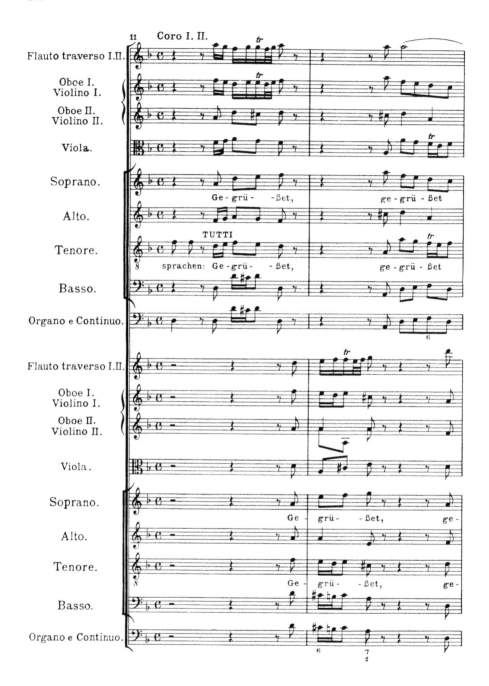

13

S. 1. a - ber hoch schimp - fie - ret: ge - -grü-ßet seist du mir!

A.

T. 2. sonst kein Licht nicht glei - chet, so schänd - lich zu - ge - richt't?

B.

Cnt.
6 6 6 ♮ 7 6 6 4 8
4 5

64 RECITATIVO. Coro I.

Evangelist. Und da sie ihn ver-spot-tet hat-ten, zo-gen sie ihm den Man-tel

Organo e Continuo.
6

3

Ev. aus, und zo-gen ihm sei-ne Klei-der an, und füh-re-ten ihn hin, daß sie ihn

Cnt.
6 6 6 ♮
5 5

5

Ev. kreu - - -zig-ten. Und in-dem sie hin-aus gin-gen,

Cnt.
♭ 6♭ 5♭ 6 6♭ 5 ♮ 4
5 4 2

7

Ev. fun-den sie ei-nen Men-schen von Ky - re - ne, mit Na-men Si-mon; den

Cnt.
6 ♯6

9

Ev. zwun-gen sie, daß er ihm sein Kreuz trug.

Cnt.
6 ♯ 7♮ 4 ♯
4♯ 5
2♯

264

E. E. 2654

wer-den; die Un-schuld muß hier schul-dig ster-ben. Das ge-het mei-ner See-le

nah; ach Gol-ga-tha, un - sel' - ges Gol-ga-tha!

ARIA. Coro I.II.

Oboe da caccia I.

Oboe da caccia II.

Alto.

Organo e Continuo.

staccato

Se -

278

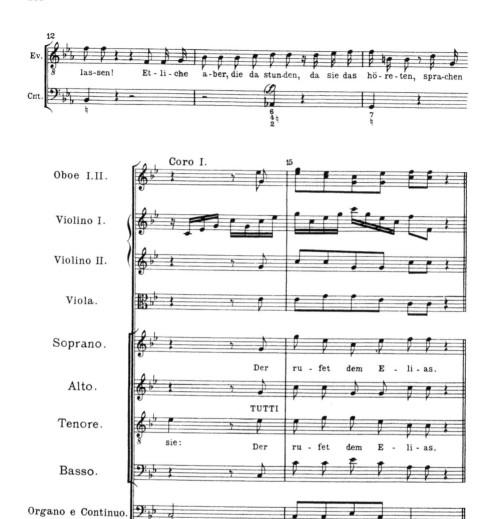

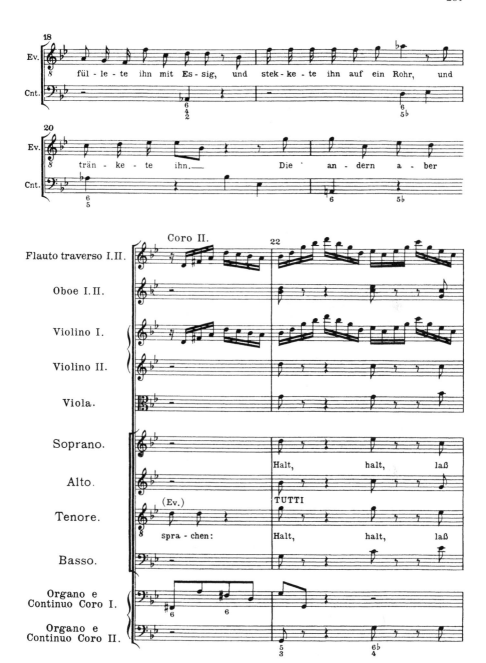

RECITATIVO. Coro I.

Evangelist. Und sie-he da, der Vor-hang im Tem - pel zer -

Organo e Continuo.

Ev. riß in zwei Stück, von o - ben an bis un - ten

Ev. aus. Und die Er - de er -

Ev. be - be - te, und die Fel - sen zer - ris - sen, und die

Ev. Grä - ber tä - ten sich auf, und stun - den auf viel Lei - ber der

Ev. Hei - li - gen, die da schlie - - - - fen; und gin - gen

Ev. aus den Grä-bern nach sei - ner Auf - er - steh - ung, und ka-men in die hei - li - ge

RECITATIVO. Coro I.

288

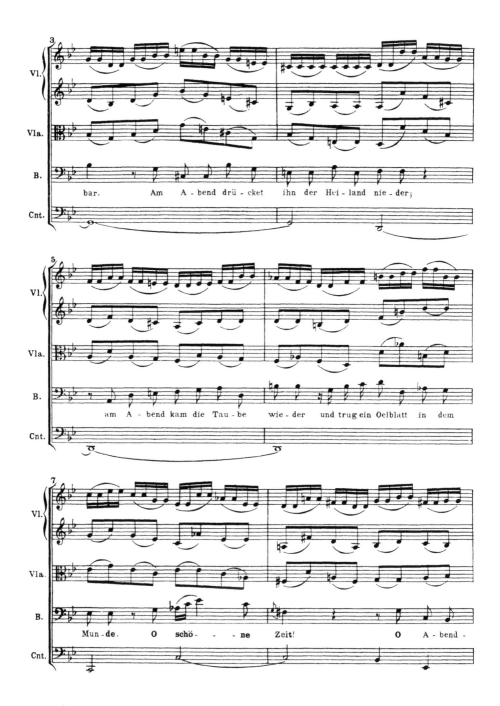

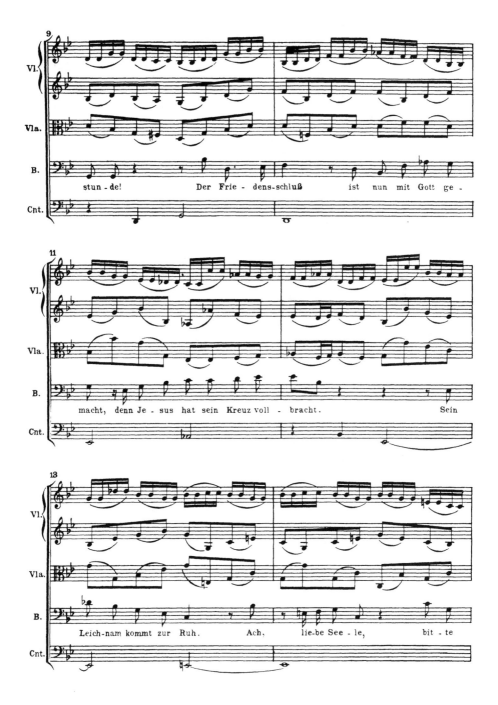

du, geh, las-se dir den to - ten Je - sum schen-ken, o

heil - - sa - mes, o köst - lich's An - - ge - den - ken!

ARIA. Coro I.

Oboe da caccia I.
Violino I.

Oboe da caccia II.
Violino II.

Viola.

Basso.

Organo e Continuo.

RECITATIVO. Coro I.

Evangelist.

Organo e Continuo.

Und Jo-seph nahm den Leib, und wik-kel-te ihn in ein' rein Lein-wand. Und leg-te ihn in sein ei-gen neu Grab, wel-ches er hat-te las-sen in ei-nen Fels hau-en; und wäl-ze-te ei-nen gro-ßen Stein vor die Tür des Gra-bes, und ging da-von. Es war a-ber all-da Ma-ri-a Mag-da-le-na, und die an-de-re Ma-ri-a, die satz-ten sich ge-gen das Grab. Des an-dern Ta-ges, der da fol-get nach dem Rüst-ta-ge, ka-men die Ho-hen-prie-ster und Pha-ri-sä-er sämt-lich zu Pi-la-to, und sprachen:

RECITATIVO. Coro I.

Evangelist. — Pi - la - tus sprach zu ih - nen:

Pilatus. — Da habt ihr die Hü - ter;

Organo e Continuo.

Ev. — Sie gin - gen

Pil. — ge-het hin, und ver-wah-ret's, wie ihr wis - set.

Cnt.

Ev. — hin, und ver-wah-re-ten das Grab mit Hütern, und ver-sie-gel-ten den Stein.

Pil.

Cnt.

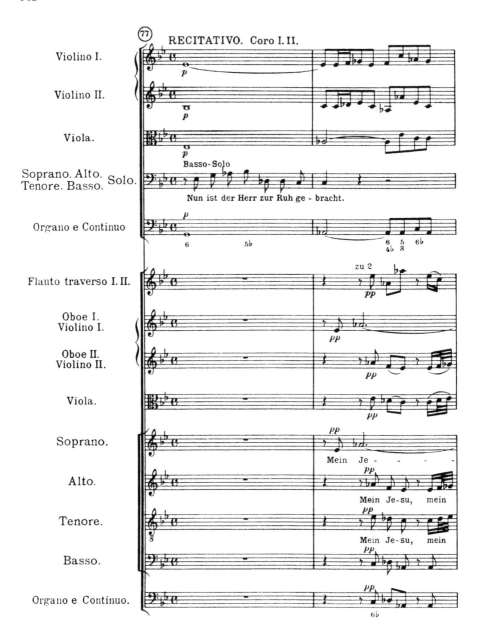

316

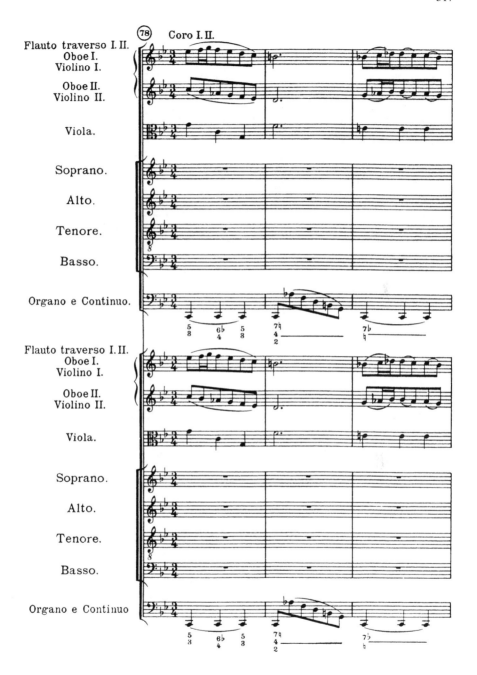